Ferdinand Beyer

ELEMENTARY INSTRUCTION BOOK for the PIANOFORTE

Revised and Enlarged by
WM. SCHARFENBERG

MÉTODO DE INSTRUCCIÓN ELEMENTAL para PIANO

Revisado y Augmentado por
WM. SCHARFENBERG

Traducción española de
M.C. BÓVEDA

G. SCHIRMER, *Inc.*

ED. 27

Contents.

First Part.

(Up to here chiefly with the hand in the same position.)

Second Part.

Sequel.

Indice

Primera Parte

(Hasta aquí principalmente con la mano en la misma posición)

Segunda Parte

Secuela

First Part

Elementary Principles for the Pianist

Primera Parte

Estudios Elementales para los Pianistas

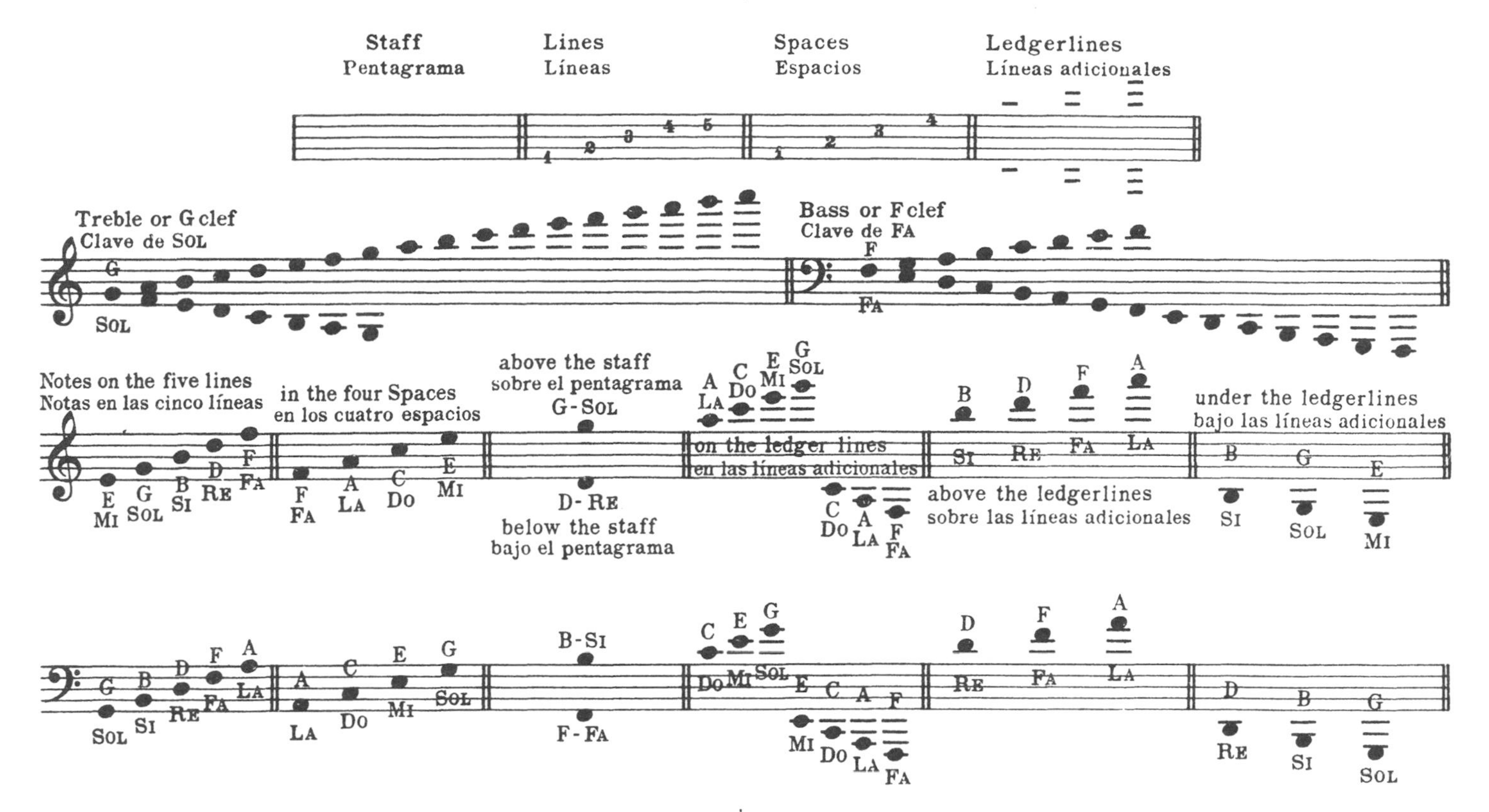

To facilitate the learning of the notes, the pupil must memorize the musical alphabet, *c d e f g a b*, in succession as well as in thirds: *c͡e–g͡b–d͡f–a͡c*, backward and forward; and must apply this to the notes and keys.

El aprendizaje de las notas se facilita estudiando de memoria el nombre y colocación de ellas en el pentagrama, tanto seguidas, *Do, Re, Mi, Fa, etc.;* como alternadas, *Re-Sol, Si-Mi, etc.* Este mismo orden debe aplicarse al conocimiento de las teclas en el piano.

Value of the Notes and the Rests

Valor de las Notas y de sus Silencios

Dot after a note
El puntillo a la derecha de una nota
Value
Su valor
Two dots after a note
Valor del doble-puntillo
etc.
Dot after a rest
El puntillo a la derecha de un silencio
Value
Su valor
Two dots after a rest
Valor del silencio con doble-puntillo
etc.
Bars
Líneas Divisorias
Brace
Corchete
Common time
Compases usuales
Compasillo
Dos por cuatro
Triple time
Tres por cuatro
Ternario
Compound time
Seis por ocho
Compuesto
Triple time
Tres por ocho
Ternario
Compound time
Nueve por ocho
Compuesto
Accidentals
Accidentales
Sharp
Sostenido
Flat
Bemol
Natural
Becuadro o natural
C Do
C sharp Do sostenido
C natural Do natural
D Re
D flat Re bemol
D natural Re natural
Names of the notes with sharps
Nombre de las notas con sostenidos
C sharp Do sostenido
D sharp Re sostenido
E sharp Mi sostenido
F sharp Fa sostenido
G sharp Sol sostenido
A sharp La sostenido
B sharp Si sostenido
C sharp Do sostenido
Names of the notes with flats
Nombre de las notas con bemoles
C flat Do bemol
D flat Re bemol
E flat Mi bemol
F flat Fa bemol
G flat Sol bemol
A flat La bemol
B flat Si bemol
C flat Do bemol
Chromatic Scale
Escala cromatica
C Do
C sharp Do sostenido
D Re
D sharp Re sostenido
E Mi
F Fa
F sharp Fa sostenido
G Sol
G sharp Sol sostenido
A La
A sharp La sostenido
B Si
C Do
B Si
B flat Si bemol
A La
A flat La bemol
G Sol
G flat Sol bemol
F Fa
E Mi
E flat Mi bemol
D Re
D flat Re bemol
C Do
Enharmonic
Enarmonica
C sharp D flat Do sostenido Re bemol
D sharp E flat Re sostenido Mi bemol
F sharp G flat Fa sostenido Sol bemol
G sharp A flat Sol sostenido La bemol
A sharp B flat La sostenido Si bemol
C sharp D flat Do sostenido Re bemol
Black keys
Teclas Negras
C Do
D Re
E, F flat Mi, Fa bemol
F, E sharp Fa, Mi sostenido
G Sol
A La
B, C flat Si, Do bemol
C, B sharp Do, Si sostenido
White keys
Teclas Blancas
A Keyboard of Seven Octaves
Un Teclado de Siete Octavas
Treble Clef
Clave de Sol
Bass Clef
Clave de Fa
8
Bass, or Left hand
Mano Izquierda, Acompañamiento
Treble, or Right Hand
Mano derecha

I. Stroke of the First Finger.
I. Ataque del primer dedo

II. Stroke of the Wrist.
II. Postura de la muñeca

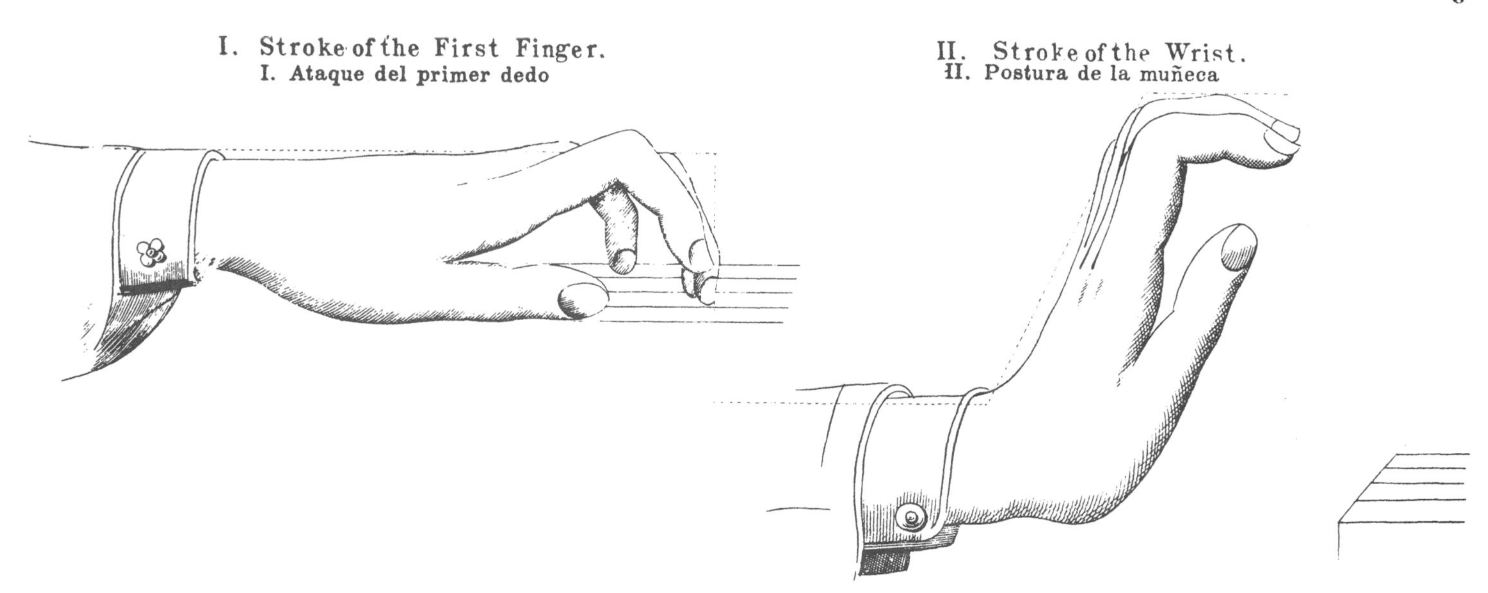

III. Stroke of the Wrist and Forearm combined.
III. Colocación de la muñeca y antebrazo combinados

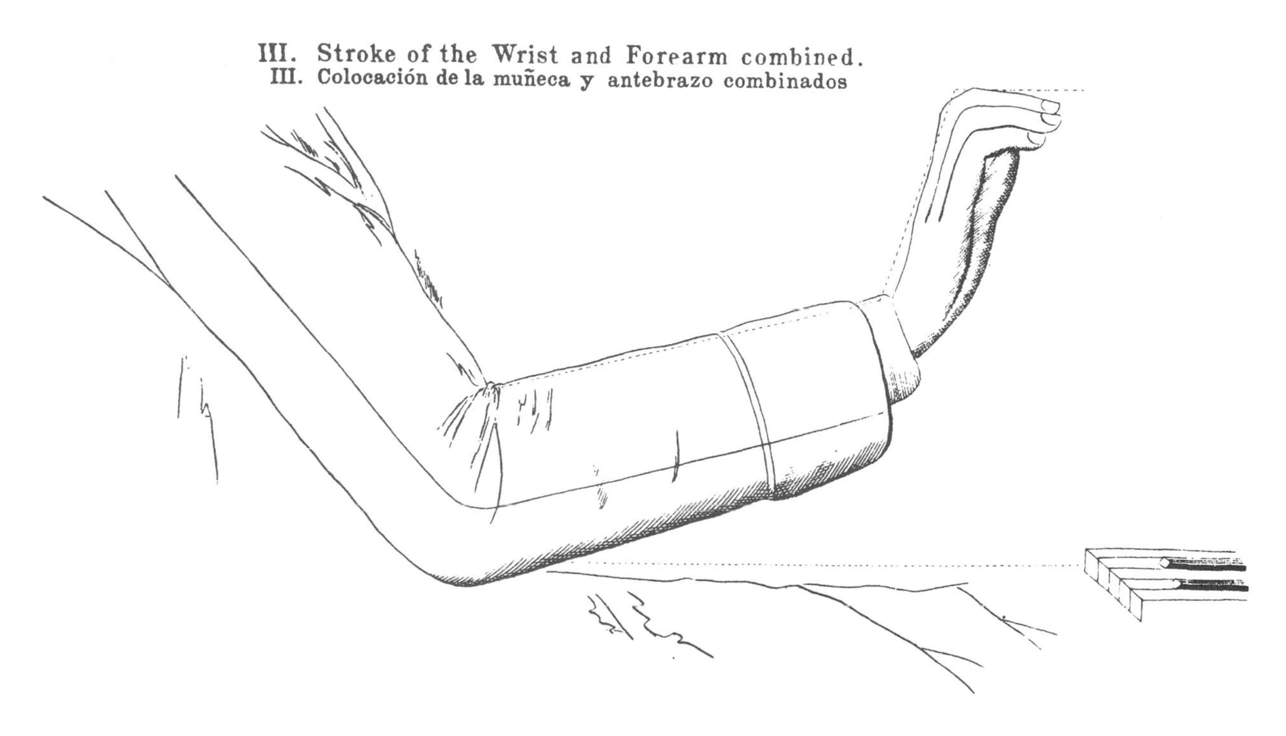

IV. Position of the First Finger for Staccato Stroke.
IV. Posición del primer dedo para la ejecución del Staccato

V. Position after the Stroke.
V. Como debe quedar la mano después de ejecutarlo

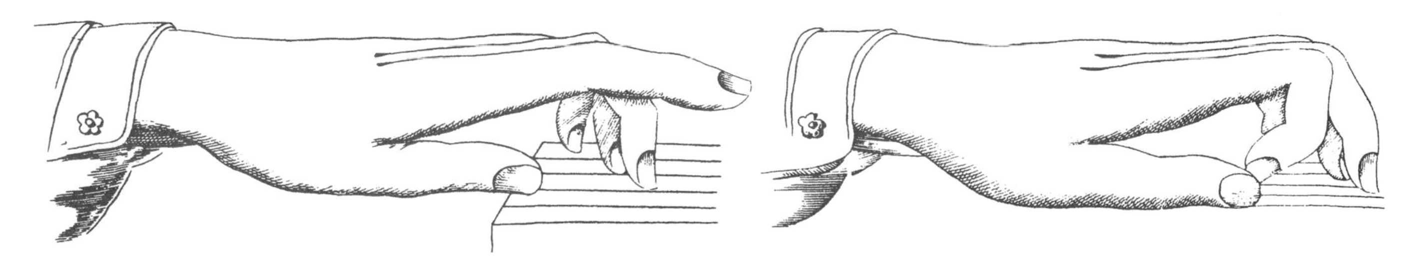

Exercise for the Touch of the Right Hand.

Each finger must be raised exactly at that moment, when the next finger touches the key.

The movement of the fingers must be equal, firm, and in the beginning slow.

The touch must not be too strong, in order to avoid a forced straining of the muscles of the hand and arm, which causes a hard and unpleasant touch.

(For the position, see page 5.)

Each Exercise must be repeated as often as the teacher requires.

Ejercicio para la Pulsación de la Mano Derecha

Cada dedo debe levantarse precisamente en el momento en que el próximo toca la nota que le corresponde.

Debe ser igual el movimiento de los dedos; al principio lento, pero firme.

Para no forzar los músculos de la mano y del brazo, la pulsación debe ser suave, a fin de evitar que se adquiera una ejecución ruda y poco agradable.

(Véase la página 5 para la posición)

Cada ejercicio se repetirá tantas veces como el maestro indique.

Exercise for the Touch of the Left Hand.

Ejercicios para la Pulsación de la Mano Izquierda

The Exercises of these two Pages must be played from memory; when a degree of proficiency is acquirèd, the pupil may proceed to the following pages. The same remarks apply to the Finger-Exercises in the Sequel of this work, so that the pupil may bestow all his attention on a correct position and touch.

Estos ejercicios deben tocarse de memoria y retener en ella los dedos que se usan para acostumbrarse a observar la digitación en el primer transcurso de esta obra. Cuando adquiera el discípulo cierto grado de adelanto, podrá pasar a las páginas siguientes. Así mismo se procederá en todos los demas ejercicios para que la atención del principiante se dedique a la posición y pulsación correctas.

For Three Hands.

The Teacher.

Para Tres Manos

El Maestro

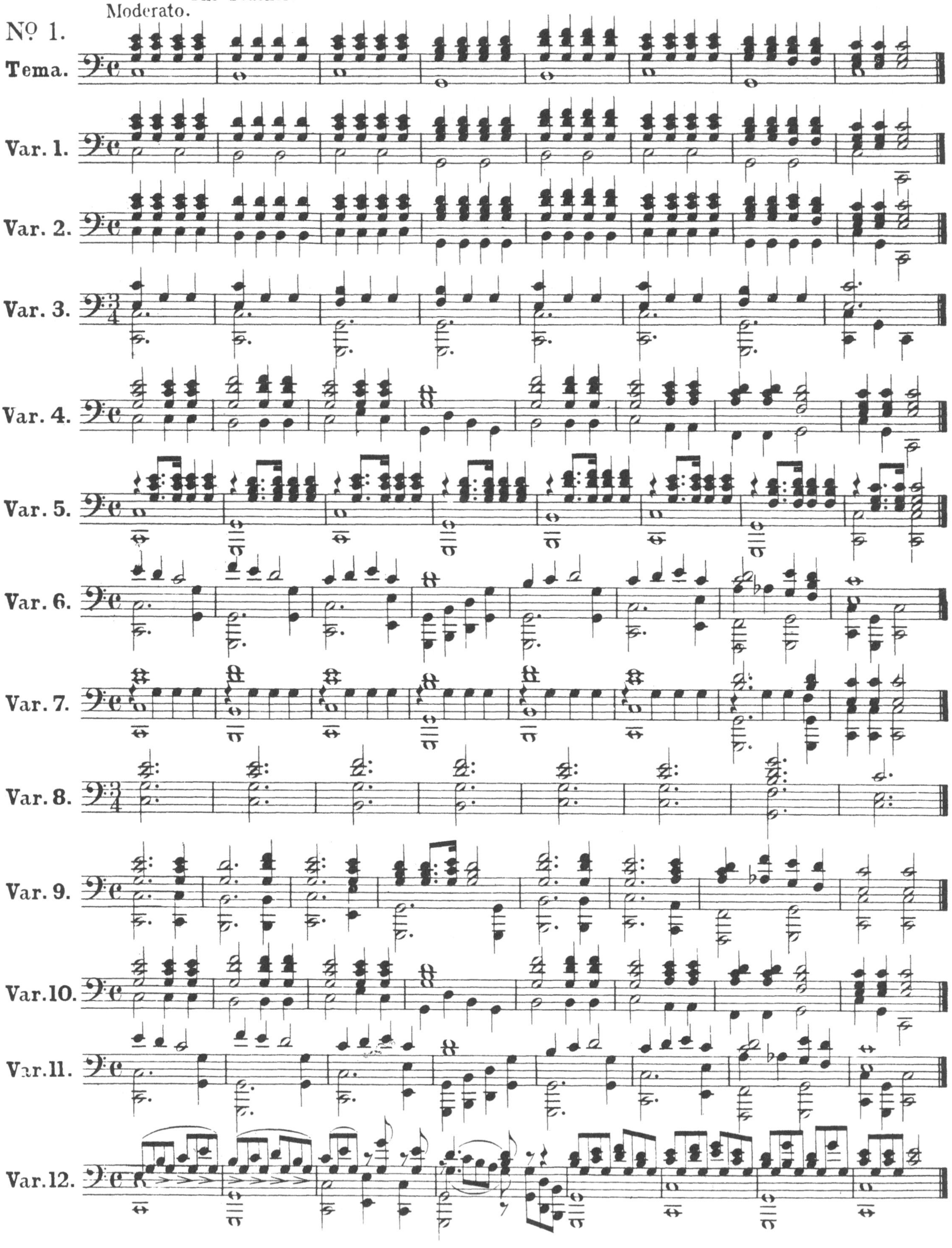

Moderato.

Nº 1.

Tema.

Var. 1.

Var. 2.

Var. 3.

Var. 4.

Var. 5.

Var. 6.

Var. 7.

Var. 8.

Var. 9.

Var. 10.

Var. 11.

Var. 12.

For Three Hands
The Pupil
For the Right Hand alone

Para Tres Manos
El Discípulo
Para la Mano Derecha sola

The Tones must be connected without any break between them. This is to be effected by each finger remaining until the next finger strikes. As a general rule this manner of playing should be followed. If a key is to be struck several times with the same finger, the hand must be raised each time.

Como los sonidos deben estar conectados sin interrupción entre ellos, los dedos quedarán sobre las teclas correspondientes hasta que el siguiente dedo toque su nota respectiva. Esta manera de ejecutar debe ser regla general. Cuando una tecla tenga que tocarse varias veces con el mismo dedo, la mano se levantará cada vez.

During the value of a Rest, the finger must not remain on the key, and the hand must be raised.

En los silencios el dedo no estará sobre la tecla y la mano se debe levantar.

For Three Hands. | Para Tres Manos

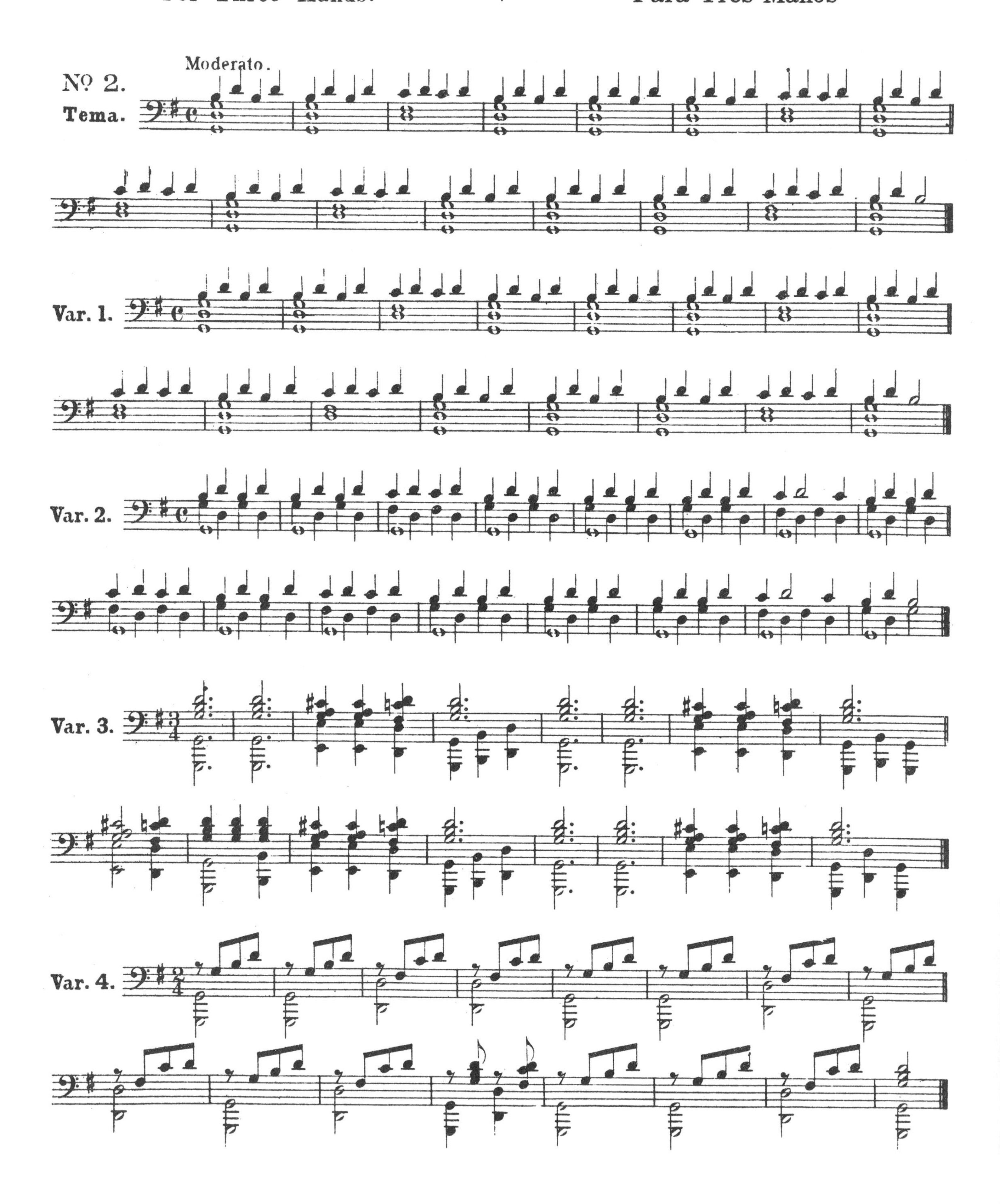

For Three Hands | Para Tres Manos

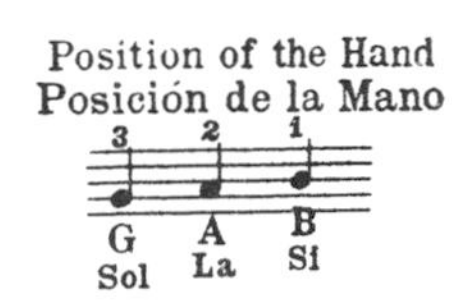

For the left hand alone
Para la mano izquierda sola

Var. 5.
Var. 6.
p
f
p
Var. 7.
Var. 8.
p

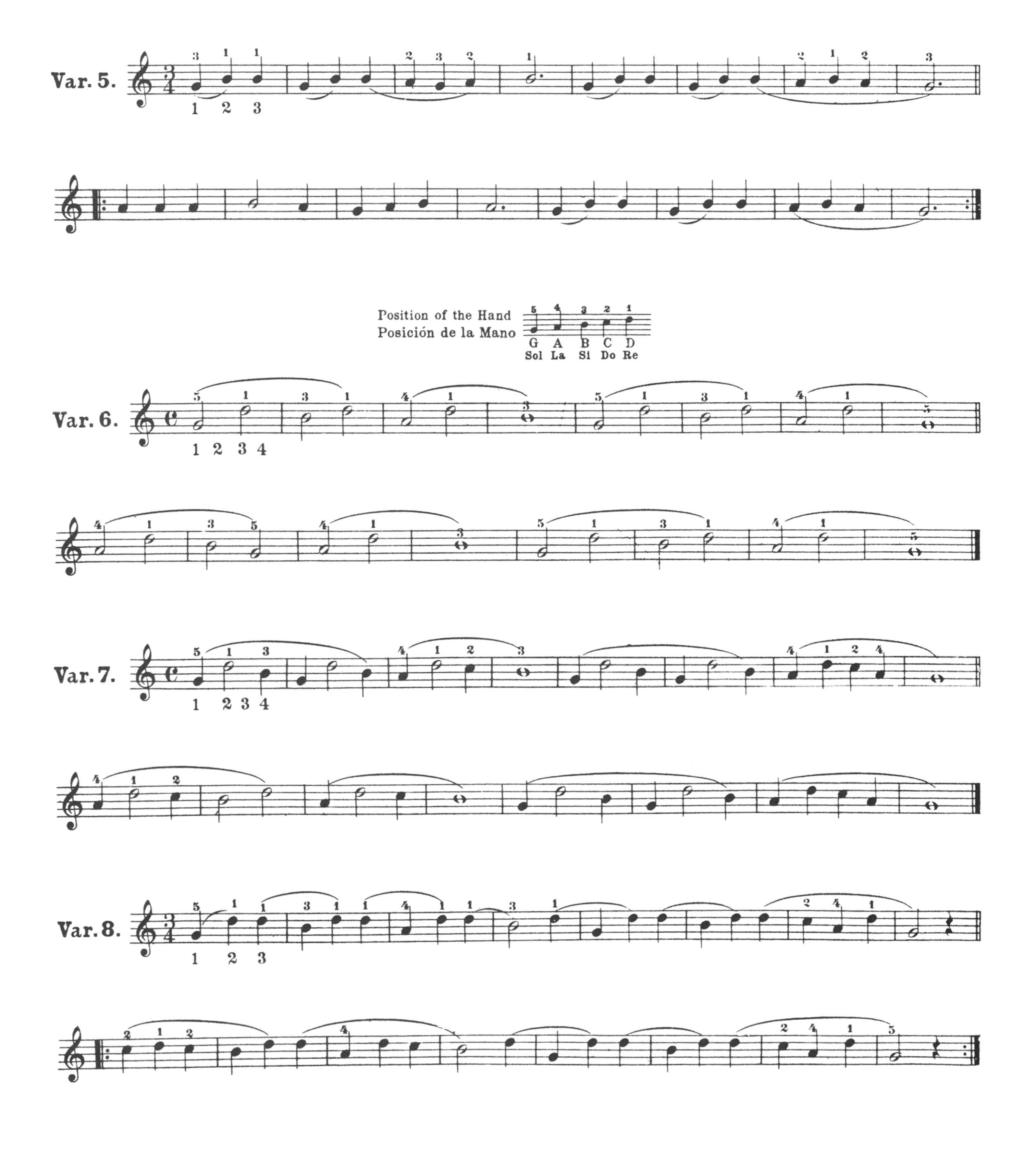
Repeat Signs
Signos de Repetición
Var. 5.
Position of the Hand
Posición de la Mano
G A B C D
Sol La Si Do Re
Var. 6.
Var. 7.
Var. 8.

Duets
For Four Hands

Duos
Para Cuatro Manos

Secondo

Second Part Segundas Manos

Duets
For Four Hands

Duos
Para Cuatro Manos

Primo

First Part | Primeras Manos

Secondo.

Primo.

Allegretto
(Moderately fast) (Velocidad Moderada)
Nº 9.
Commodo
(Quietly, with composure) (Aire Tranquilo)
Position of the Hands
Posición de las Manos
C D E F G
Do Re Mi Fa Sol
G
Sol
Nº 10.
Moderato.
Position of the Hands
Posición de las Manos
C D E
Do Re Mi
E F G
Mi Fa Sol
Nº 11.

Exercises for Both Hands.

The pupil should never forget, that a good position of the body, the arms, the hands and fingers, as well as a good touch, and keeping strict time, are the foundation of good playing.

Ejercicios para ambas Manos

El fundamento de la buena ejecucion lo constituyen: la buena posición del cuerpo, los brazos, las manos y los dedos; la buena pulsación y la observación estricta del compás. El discípulo nunca debe descuidar ninguna de estas reglas, ni olvidar que de todas ellas dependen sus adelantos.

Allegretto.
Nº 17.
legato.
C D E G
Do Re Mi Sol
C E F G
Do Mi Fa Sol
Allegretto.
Nº 18.

C D E
Do Re Mi
C E F G
Do Mi Fa Sol
Nº 19.
Allegretto.
C D E G
Do Re Mi Sol
C E F G
Do Mi Fa Sol
Nº 20.
Allegretto.
C D E F G
Do Re Mi Fa Sol
C D E F G
Do Re Mi Fa Sol
Nº 21.
Moderato.
Nº 22.
legato.

Moderato.
C D E F G
Do Re Mi Fa Sol
C D E F G
Do Re Mi Fa Sol
Nº 23.
Nº 24.
legato.
Nº 25.

C D E F G
Do Re Mi Fa Sol
C D E F G
Do Re Mi Fa Sol
Moderato.
Nº 26.
Nº 27.
Nº 28.

Nº 29.
Bind or Tie
Ligadura
The second note must not be struck, but the finger must be held on the key during the value of the two notes.
La segunda nota no se toca. El dedo debe estár sobre la tecla todo el tiempo que representa el valor de las dos figuras.
Nº 30.
legato.
Nº 31.

Duets. | Duos

Secondo.

Duets.
Duos
Andante
(Slow) (Despacio)
Primo.
G A B C D
Sol La Si Do Re
Nº 32.
Allegretto.
Nº 33.
Andante.
Nº 34.

C D E F G
Do Re Mi Fa Sol
G B C D
Sol Si Do Re
No. 35.
Moderato.
sempre legato.
sempre legato
Always smoothly
Ligado, sin saltos
No. 36.
G A B C D
Sol La Si Do Re
No. 37.
Allegretto.

Moderato.
Nº 38.
Nº 39.
Nº 40.

Duets. | Duos

Secondo.

No 41.

Allegretto.

p

No 42.

Andante.

dolce.

No 43.

Moderato.

mf

p

Duets.
Duos
Primo.
A B C D E
La Si Do Re Mi
No. 41.
Allegretto.
legato.
No. 42.
Andante.
No. 43.
Moderato.

Secondo.

8 (Octave.)

The notes which have this mark above them, must be played an octave (eight notes) higher, as far as the mark goes.

8 (Octava)

Las notas que tienen este signo sobre sí, seguido de una serie de puntos así, se tocan una octava más alta (ocho notas) hasta que termine la marca de los puntos.

Example:
Ejemplo:

To be played:
Debe tocarse así:

Primo.

Exercises in Eighth-Notes. | Ejercicios de Corcheas

Allegretto.
Nº 48.
1.
2.
See page 34
Véase pag. 34
Allegretto.
Nº 49.
Commodo.
Nº 50.

The elbows must not stand off from the body, even though the hands may be far apart.

Los codos nunca deben estar separados del cuerpo aunque las manos estén muy distantes.

NB. To compare the notes in the G Clef with those in the F Clef, which are played on the same keys.
NB. Para comparar las notas de la Clave de SOL con las de la Clave de FA que se tocan en las mismas teclas.

Commodo.
Nº 54.
Moderato.
Nº 55.
mf, mezzo forte
moderately loud
mediana fuerza
Allegretto.
Nº 56.
Allegretto.
Nº 57.
p, piano
soft
suave

Moderato.
Nº 58.
mf
1.
2.
increasing
aumentando
decreasing
in strength
disminuyendo
la fuerza
Allegretto.
Nº 59.
means, the note
must be accent-
uated.
Indica que la no-
ta se debe acen-
tuar.
Commodo.
Nº 60.
mf
cresc.
dim.
f
cresc.
crescendo
increasing
acrecentando
dim.
diminuendo
decreasing
disminuyendo
la fuerza
dim.
cresc.
dim.

Allegro moderato
(Moderately fast) (Moderada velocidad)
Nº 61.
dolce.
dolce
softly, sweetly
dulce, suave
Allegro moderato.
Nº 62.
mf
If a dot is placed above a note, the finger, which plays the note, must be raised immediately after striking the key.
Examples:
Ejemplos:
to be played thus:
debe tocarse así:
Cuando se ve un punto sobre una nota, quiere decir que el dedo que la toque se levante inmediatamente de la tecla.
8

Allegretto.
Nº 63.
p
cresc.
f
p
f
Commodo.
Nº 64.
p
f

Dashes above the notes cause these to be played still shorter than when they are marked with dots.

Example: Execution:

Ejemplo: Ejecución:

Cuando se encuentran notas sobre las cuales hay tildes, indican que su ejecución es más breve que cuando tienen puntos.

Second Part

Exercises for passing the thumb under the fingers and the fingers over the thumb

Segunda Parte

Ejercicios para pasar el dedo pulgar bajo los otros dedos y éstos sobre el pulgar

The Pupil must be careful to strike the two notes of the thirds precisely together, and play strictly legato, (smoothly.)

Tenga cuidado el discípulo que las dos notas de las terceras suenen, precisamente juntas; y a la vez, estrictamente ligadas.

Scale in G major. | Escala de Sol mayor

Moderato.
Nº 73.
dolce.
Accidentals
Accidentales
Triplets.
Tresillos
Moderato.
Nº 74.
dolce.
f
dolce.
p

Scale in D major.

Escala de Re mayor

Moderato.
Nº 77.
mf
Allegretto.
Nº 78.
f
dolce.
f
dolce.
f

Scale in A major. | Escala de La mayor

Allegretto.
Nº 80.
Appoggiatura
Grace-note
La Apoyatura
Example: Execution:
Ejemplo: Ejecución:
NB. If the note after the Grace-Note has no dot over it, it must be held to the end of its full value.
NB. Cuando la nota que sigue a una apoyatura no tiene punto o tilde sobre ella, se sostiene su sonido por el valor que le corresponde.
Allegretto.
Nº 81.

Scale in E major. | Escala de Mi mayor

No 83.
Allegretto.
mf
cresc.
f
mf
cresc.
f
dim.
f
No 84.
Allegretto.
f
Hold
Del Calderon
The note under a Hold should be held at least as long again as its full value.
Este signo indica que el compás se suspende, al gusto del ejecutante, haciendo sonar la nota sobre la cual se pone, al menos, doble tiempo que el que representa su valor.
No 85.
Allegretto.
dolce.
marcato.
marcato
in a marked style
las notas bien marcadas

Secondo.
Moderato.
Nº 86.
p
staccato.
Allegro moderato.
Nº 87.
mf
f
p
f

Duets. | Duos

Primo.

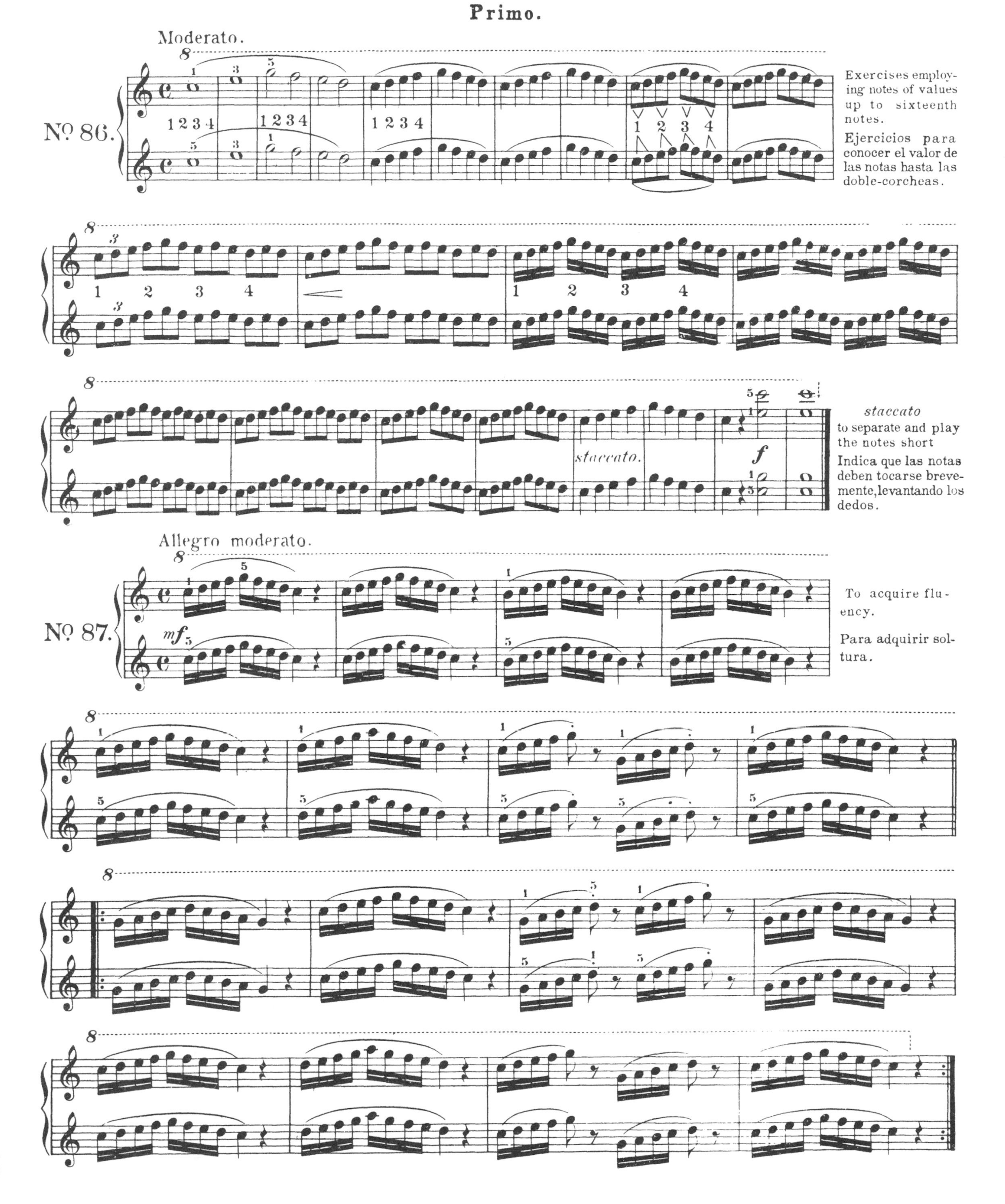
Moderato.
Nº 86.
Exercises employing notes of values up to sixteenth notes.
Ejercicios para conocer el valor de las notas hasta las doble-corcheas.
staccato.
staccato
to separate and play the notes short
Indica que las notas deben tocarse brevemente, levantando los dedos.
Allegro moderato.
Nº 87.
To acquire fluency.
Para adquirir soltura.

Moderato.
No. 88.
dolce.
f
p
1.
2.
f
Andante.
No. 89.
dolce.
mf
Allegretto.
No. 90.
f
p

marcato.
Scale in A minor.
Escala de La menor
Allegretto.
Nº 91.
dolce.
cresc.
dim.

Commodo.
dolce.
Nº 92.
f
p
Moderato.
Nº 93.
mf
marcato.
f

Scale in F major. | Escala de Fa mayor

Allegro
(Lively) (Alegre)
Nº 96.
mf
cresc.
f
dim.
Allegretto.
Nº 97.

mf
cresc.
Allegro.
Nº 98.
mf
f
mf
cresc.
f
1.
2.
∧
The notes with this mark above them must be strongly accentuated.
Este signo se llama regulador y la nota sobre que se pone debe acentuarse con fuerza.
B flat major.
Si bemol mayor
Adagio
(Very slow) (Muy despacio)
Nº 99.
dolce.
1.
2.
p

Allegro.
Nº 100.
mf
f
1.
2.
dim.
mf
f
p
f
p
f

Allegro moderato.
No. 101.
mf
cresc.
f
dim.
mf
cresc.
p
cresc.
dim.
p
cresc.
dim.
cresc.

Moderato.
Nº 102.
dolce.
cresc.
dim.
The change of fingers on the same key must be made rapidly, without striking it again.
Este cambio de dedos sobre la misma nota se debe efectuar rapidamente sin que suene ella otra vez.
cresc.
Allegro moderato.
Nº 103.
dolce.

Allegretto.
No 104.
dolce.
cresc.
dim.
p
cresc.
f
dim.
dolce.
p
cresc.
p
cresc.
f

Chromatic Scale. | Escala Cromatica

Allegro moderato.
Nº 106.
f
p
mf
cresc.
dim.

Six short pieces for Recreation

No 1. A Short Story

Seis piececitas Recreaciones

No 1. Una pequeña historia

Fine.
Nº 3. Song without words.
Nº 3. Canción sin palabras
F. SPINDLER.
Dolcemente.

Nº 4. Song without words.
Nº 4. Romanza sin palabras
Di buon umore.
F. SPINDLER.
mf
p
Nº 5. Polka.
Nº 5. Polca
Animato. (𝅗𝅥 = 126.)
A. EHMANT.
p
mf
p

Fine.
Trio.
Polka D. C. al Fine.
Nº 6. Song without words.
Nº 6. Canto sin palabras
F. SPINDLER.
Tranquillo.

Sequel.

Finger Exercises to be interspersed in the preliminary part of the Instruction Book, and to be well practiced.

For the Right Hand alone.

Each Exercise to be repeated several times. They can also be extended to two octaves.

Secuela

Ejercicios de digitación que deben intercalarse en la parte preliminar de este libro y practicarse mucho.

Para la Mano Derecha sola

Repítase cada ejercicio varias veces. También puede extenderse a dos octavas.

For the left Hand alone. | Para la Mano Izquierda sola

For both Hands together. | Para ambas Manos en conjunto

Nº 26.
Nº 27.
Nº 28.

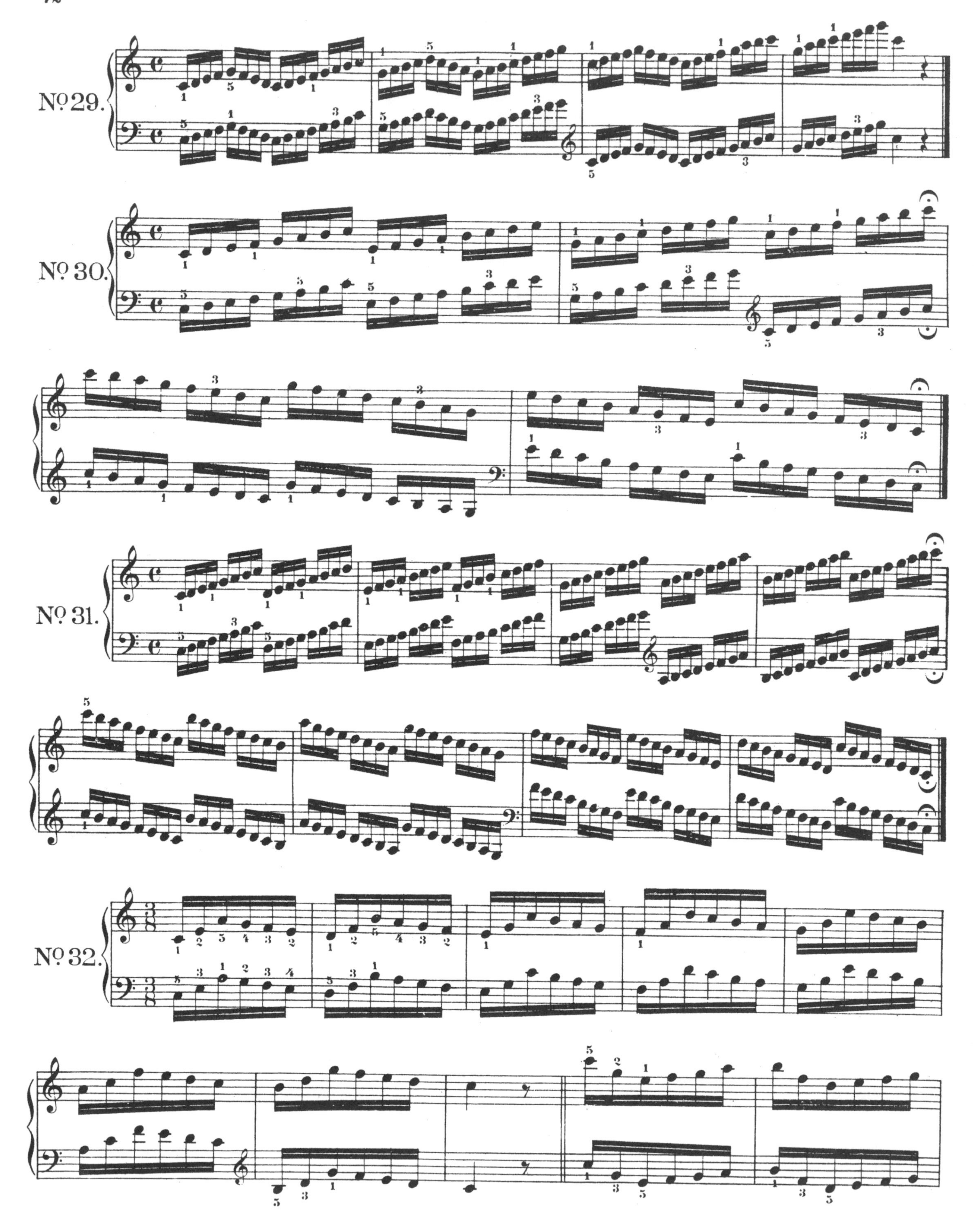

Nº 29.
Nº 30.
Nº 31.
Nº 32.

Nº 33.
Nº 34.

24 Major and Minor Scales

arranged according to the similarity of the fingering, and for the comparison of major and minor.

24 Escalas Mayores y Menores

Arregladas según la similaridad de su digitación; y para comparar el tono mayor con el menor.

8. A minor La menor
9. E major Mi mayor
10. E minor Mi menor
11. B major Si mayor
12. B minor Si menor
13. F major Fa mayor
14. F minor Fa menor
15. B♭ major Si♭ mayor

16. B♭ minor Si♭ menor
17. E♭ major Mi♭ mayor
18. E♭ minor Mi♭ menor
19. A♭ major La♭ mayor
20. A♭ minor La♭ menor
21. D♭ major Re♭ mayor
22. C♯ minor Do♯ menor

Besides the above Minor Scales the following two kinds are also used.

Además de las escalas menores mencionadas también se usan las dos clases siguientes.

Succession of all the Keys and their relationship

Orden sucesiva de cada tono mayor y su relativo menor